CW00524177

Weil eine Welt mit Geschichten eine
bessere Welt ist.

Elke Sonja Karpf

Begegnungen am Jakobsweg

Life is a story

1. Auflage 2020

Herstellung, Gestaltung und Konzeption:
Verlag story.one publishing - www.story.one
Eine Marke der Storylution GmbH

Gesetzt aus Crimson Text und Lato.

Printed in the European Union.

ISBN: 978-3-99087-838-5

Ich widme dieses Buch allen Menschen,
die anderen mit aufrichtiger
Freundlichkeit begegnen...weil eine Welt
mit Liebe eine bessere Welt ist!

INHALT

Magic Meidling

Ich habe das noch nie getan. Doch, einmal zu Silvester, als ich allein war. Das hatte einen düsteren Touch. Ich erinnere mich. Es war fast genauso schön und atemberaubend. Wie heute verwandelte ich mich plötzlich in einen anderen Menschen oder in den, der ich eigentlich bin?

Sanft, voll Vertrauen in die Zukunft, weiblich - beschützt fühle ich mich. Alles fällt von mir ab, während ich es tue. Keine Zwischenrufe, kein Ziel, nichts, was es zu erledigen gäbe. Einfach nur sein. Ich muss an einen langjährigen Freund denken. Dieses verschmitzte Lächeln in seinen Augen. Ich denke mit einem warmen Gefühl an ihn zurück. Auch wir haben es getan. Damals, im Sommer, in Währing. Damals war es mir nur selten gewährt. Doch genau dieses Gefühl, das ich einst hatte, empfinde ich nun auch. Als wäre das, was ich tue, so unperfekt es erscheinen mag, genau richtig. Als wäre ich zur richtigen Zeit am richtigen Ort. Ich spüre Wärme, und erlebe Ruhe in meinen Bewegungen. Was ich rieche, ist nicht immer gut, es wechselt von Betörung zu Ekel, doch in diesem Licht, in diesem besonderen

Licht wirkt alles im Ganzen so geheimnisvoll, anders, bezaubernd, unschuldig und wunderschön. Ich fühle mich begleitet. Alles ist bekannt und doch neu.

Urlaubsstimmung kommt auf. Die Geräusche und Eindrücke lassen mich an Italien denken, bella Italia mit seinen winzigen Gässchen mit laufenden Fernsehern und Geschirrgeklapper hinter den Vorhängen, die bei den Fenstern hinaushängen. Wie in den Ferien entdecke ich auch jetzt gerade Magisches inmitten dessen, was mitunter einen schmutzigen und heruntergekommenen Anschein hat. Es ist so, als wäre eine Wandlung passiert, im Bekannten etwas Unbekanntes erschienen - wie damals, auf dem großen Platz in Mariahilf, wo plötzlich das Straßentheater auftauchte und eine ganz andere Stimmung brachte. Als sich alles magisch veränderte und die Menschen mit sich zog in einer Welle der Begeisterung und Faszination – trotz der Trägheit des schwülen Juli Tages.

Warum mache ich das nicht regelmäßig? Bin ich diesmal einfach meiner Intuition gefolgt? Oder einer Stimme, die sich mit Düften und Empfindungen verband? Oder hatte ich nun endlich die Ruhe, die ich dazu brauchte? Ich richte mein Haar zurecht und sperre die Haustür auf. Ich bin angekommen. Nicht nur bei mir. Ich bin wieder zuhause und zünde eine Fackel auf meiner Terrasse an. In ihrem Schein denke ich: Das sollte ich wirklich öfter machen.

Einen Abendspaziergang um den Häuserblock in meinem Bezirk, in Magic Meidling, wie ich ihn scherzhaft nenne.

Ich wusste zu der Zeit noch nicht genau, dass dies ein besonderer Ausgangspunkt für eine besondere Reise sein würde. Magisches entdecken würde ich dabei immer wieder.

Mein ABENTEUER-ICH

Fieberhaft bereitete ich meine 360 Kilometer Jakobsweg vor. Tatsächlich mit ein wenig Fieber, und der Unsicherheit, ob ich es allein und trotz des Covid-19 Risikos ins Ausland wagen sollte. Schritt für Schritt machte ich eine Recherche nach der anderen komplett. Und doch wartete ich mit der Entscheidung bis zur letzten Sekunde. Ob ich mein Ziel, den französischen Ort Le Puy-en-Velay erreichen könnte, war unklar. So tastete ich mich vor, vom Schicksal oder meiner Neugierde angetrieben, und konnte es letztendlich nicht lassen.

Zwei Mund-Nasen-Schutzmasken eingepackt, den Schlafsack wieder ausgepackt (weil zu sperrig) und die restlichen Bratkartoffeln vom Mittagessen als Reiseproviant. Ich verließ meine Wohnung aufgeräumt und hatte alles Notwendige dabei. Hopp zum Bahnhof. Hinein in den Nachtzug. Ab nach Genf.

Überwältigt von den Eindrücken der Schweizer Stadt und dem Geburtshaus des Philosophen Jean-Jacques Rousseau wanderte ich die Wegweiser entlang. Sie zeigten gelbe Muscheln auf blauem Hintergrund. Ich ging leichten Schrittes, gespannt auf die kommende Zeit. Ein heftiges Gewitter erwartete mich am Feld gleich an der Grenze zu Frankreich.

„Liberté, égalité, fraternité!", musste ich dennoch jauchzen und eine Videobotschaft an meine Freundinnen und Freunde in Österreich schicken. Da wieder ein Blitz! Strömender Regen. „Eine Regenjacke ODER ein Poncho?", wunderte ich mich in Erinnerung an die Jakobsweg-Packliste. Mein Poncho glich einer Regenpfütze, die Jacke hielt mich derzeit noch einigermaßen warm.

Ich stellte fest, dass es in Ermangelung einer Schutzhütte das Beste war, mich ins Dickicht zu hocken und zu warten, bis die ärgste Wasserflut vorbei war. Ein Stück Baguette kauend hockte ich mich so auf meinen Rucksack und sah die dicken Regentropfen auf das Grün rings um mich prasseln. Das Joghurt! Ich rettete, was noch zu retten war von dem zerquetschten Plastikdings. Die Soße in meinem Rucksack verringerte weder meinen Stolz noch meine Freude darüber, zuhause daran gedacht zu haben, einen Löffel einzupacken. Und Feuchttücher. Es schmeckte großartig! Marille/Mango – so gut!

So ging es zwei Wochen dahin - mit einigen Hoppalas, glücklichen und unglücklichen Wendungen. Ein reduziertes und doch reiches Leben inmitten von Bäumen, Blumen, Käfern, Kühen und Straßenstaub, verschwitzten Socken, verwunschenen Flüssen und Bächlein, Wasserauffüllen auf Friedhöfen, Pinkeln im Gebüsch ... und im Rucksack zerknautschten Nahrungsmitteln!

All meine Begegnungen habe ich jeden Abend in einem Heft festgehalten. Ich war selbst überrascht, welch` Wärme die Menschen in mir erzeugten, die ich nur für ein paar Stunden kennengelernt habe. Mir war, als könnte ich in den Menschen etwas sehen, was mir sonst im Alltag verborgen bleibt. Immerhin gaben sie mir ein Dach über den Kopf oder schenkten mir ein paar nette Worte, allein in einem riesigen Land mit nichts als einem kleinen Rucksack auf dem Rücken.

Jean-Philippe

Schlurfenden Schrittes bewegte er sich, wie eine Karikatur seiner selbst. Als er jung war, war das anders. Vielleicht war er ein Sportler, ein begeisterter Radler oder Fußballspieler. Aber das Leben zeichnete ihn. Er war still, den Anweisungen seiner Frau treu folgend. Sein Haar weiß, sein Körper voller Falten, mit einer kurzen Hose, die um seine Beine schlenkerte. Seine Bewegungen erschienen etwas mühsam. Doch innerhalb von 15 Minuten passierte etwas Unerwartetes mit ihm. Innerhalb von 15 Minuten verwandelte sich der alte Mann. Innerhalb von 15 Minuten kamen das Herz und die Seele des Greises zum Vorschein.

„Du bist ein Bauarbeiter!", quiekte das kleine Mädchen fröhlich und hämmerte mit einem Plastikwerkzeug auf ihn ein. Jean-Philippe war der Helm zu klein. Er war flach und gelb und rutschte hin und her, wenn er den Kopf bewegte. „Ich schraube dich fest", rief das Kind, während der Franzose es links und rechts mit einem Augenzwinkern abwehrte. „Non, non", spielte er Entrüstung. „Non!" Gegen die stürmischen Attacken musste er sich tatsächlich lebhaft verteidigen. Die Kleine lachte und ließ ihren Opa nicht in Ruhe.

„ACHTUNG!", schrie plötzlich jemand.

Der riesige Hund warf in dem Tumult beinahe ein Whiskeyglas um. Jean-Philippe nutzte die Gelegenheit, uns seelenruhig Whiskey nachzuschenken. Den Kinderhelm legte er eine ganze Stunde nicht ab. Danach kümmerte er sich um unser Barbecue. Die ganze Familie war da, und ich, die Fremde aus Österreich - wurde ich als Exotin oder als lieber Gast, als tapfere Pilgerin am Jakobsweg angesehen?

War das Schneckenaufstrich am Teller??

Mein Herz begann laut zu klopfen, auch weil man mich vor todbringende Vipern in Frankreich warnte. Ich konnte den ganzen Abend nicht recht entspannen. Mein rechtes Bein war angeschwollen und Jean-Philippes Frau vergaß ob des Tohuwabohus immer wieder auf's Neue, mir Eiswürfel zu bringen. Doch zuzusehen, wie sich Jean-Philippe von seiner Enkeltochter necken ließ und damit zu einem jungen Menschen erblühte, ließ den Schmerz vergehen.

Während die Kleine mit dem Hund herumtobte, briet Jean-Philippe unsere Würstchen auf dem Griller. „Du sitzt mir gegenüber", befahl das kleine Mädchen ihrem Großvater. Er erwischte nur mehr den Platz rechts von ihr. Bald verschwanden die beiden ohnehin in die Vorratskammer, wo sie Eissorten für das Dessert aussuchten. „Dieses Eis schmeckt furchtbar", jammerte die Stiefmama des Mädels und ihr Mann stimmte mit ein. „Du musst das auch essen, Jean-Philippe", rief die Kleine und leckte sich die Lippen. Es war „Kindereis" und schmeckte nach Kaugummi. „Ohja, ist das gut", rief ihr Opa mit verschwörerischem Blick und stemmte seinen Löffel enthusiastisch in den Eisbecher.

Zum Abschied wagte ich wegen des unsichtbaren Coronarisikos nicht, dem Siebzigjährigen die Hand zu schütteln. Er streckte seine Arme aus, eine Umarmung anbietend. Jean-Philippe, pass` auf dich auf, du sollst noch lange leben!

Michel

Die zwei Quadratmeter große Landkarte der Region passte nicht auf den Esstisch. Michel, permanent mit Mundschutz, schaffte es, sie auf Stühlen zu platzieren, um mir meine weiteren zwei Teilstrecken des Jakobswegs mit präzisen Hinweisen zu erklären (obwohl ich, bestens vorbereitet, natürlich schon längst im Bilde war). Die Kilometerangaben waren ihm, meinem großartigen Koch und Hausherren der Pension wichtig. Aber auch mir, war ich doch nach einem wahnwitzigen Umweg durch das Dickicht eines Waldes krebsrot im Gesicht auf dieser kleinen Farm angekommen. Ich hatte mich fast hoffnungslos verirrt und meine Abenteuerlust sowie meine Entscheidung, absichtlich die falsche Abzweigung zu nehmen, verflucht. Ebenso wie die Tatsache, dass ich nach 22 Kilometern Fußmarsch im Hochsommer offenbar noch nicht genug hatte - aus Gier nach dem schöneren Weg.

Doch nun war wieder alles gut. Am Morgen hatte ich mir eine Übernachtung auf einem Bauernhof gewünscht. Der Wunsch hatte sich erfüllt, wie so viele Dinge am Jakobsweg nahezu magisch geschehen. Der Weg gibt dir, was du brauchst! Ich wusste nicht, dass Michel abgesehen von wunderschönen Zimmern zwei Pferde, Papageien, Wellensittiche, Hühner, Katzen und einen Esel besaß. So saß ich in diesem Paradies am Tisch im Garten, konnte endlich meinen von der langen Route mitgenommenen Körper entspannen und bereute es nicht, ein Abendessen bestellt zu haben, obwohl ich satt war. Die Miniravioli im Salat, das Baguette, die Fischterrine, die Apfeltarte mit Vanilleeis - ich kann nicht sagen, was mein Herz mehr zum Klopfen brachte. Oder war es die aufmerksame Gesellschaft des interessanten Franzosen bei Sonnenuntergang?

„Ist denn 360 Kilometer Wandern ein richtiger Urlaub?“, fragte Michel. Ich lachte und gab zur Antwort, dass ich gar nicht wusste, was mich auf diese Idee gebracht hatte. Ich lachte auch, weil ich glücklich war, mich auf Französisch gut unterhalten zu können und dafür auch noch reichlich Komplimente bekam. Auf meinem Jakobsweg von Genf nach Le Puy-en-Velay würde mich kein Franzose puncto Charme enttäuschen, genau wie ich es gewohnt war. Ich war allerdings erst in La Chapelle-de-Surieu und wusste noch nichts von all den schönen Begegnungen, die noch auf mich warteten. Nun hieß es erstmal, möglichst höflich den obligatorischen Käse als Nachtisch abzulehnen. Das ist das Einzige, worauf ich in Frankreich nicht so stehe. Das gebe ich ungern zu, denn damit macht man sich nicht beliebt.

Mit Mühe schliff ich mich mit meinem vollen Bauch ins Zimmer und ließ mich in mein Prinzessinnenbett fallen mit lauter schönen Gedanken, vor allem an den Mann, der so gut kocht, Pferde hat und ein Traumhaus besitzt. Mit einem Lächeln auf den Lippen und erschlagen von den bezaubernden Eindrücken spürte ich noch einige Sekunden der frischen, kühlen Bettwäsche auf meiner Haut nach, an einem der ersten Tage meiner einsamen Wanderschaft. Er ging mit einem Gefühl von Geborgenheit zu Ende.

Annette

„Kleine Tomaten aus dem Garten“, hielt sie mir hin, in eine Alufolie eingewickelt. Mit dieser Geste brachte sie mein schönstes Lächeln hervor. Schön war übrigens auch sie, Annette. Ihre Augen hefteten sich fest an meine, wohl um zu verhindern, dass sich mein Blick an ihrer Erscheinung festklammerte. Sie war klein und etwas kräftig, fast wie ein Nougatknödel. Ihr Freund, mit dem sie in dem entzückenden Appartement wohnte, würde sie wohl nie wieder loslassen. Das muss ein schönes Gefühl sein, dachte ich.

Ich blätterte in Annettes dicker roten Mappe auf der Kommode, um zu lesen, was ich als Airbnb-Nutzerin zu wissen hatte, wandte mich aber gleich wieder ab. Das bunte Kleid meiner Gastgeberin hob sich vom Grau der Wohnung ab. Annette verband ich mit dem Meer. Ich war sicher, sie liebte Strandurlaub auf spanischen Inseln. Oder lag meine Vermutung nur an der Tatsache, dass es gerade so heiß war, dass mein Pony auf meiner nassen Stirn klebte? Das Zimmer, in dem ich mich vom Jakobsweg durch Frankreich ausruhte, hätte mich vielleicht durch die vielen

Staubfänger erdrückt. Der kleine Balkon mit den blitzblauen Sesseln und dem Tisch machte die Beengtheit des Raumes allerdings wett. Die Sonne war bereits im Begriff unterzugehen. Annette schwirrte wie eine Biene um mich herum, zeigte mir „mein“ Fach im Kühlschrank, „meine“ Flasche Mineralwasser und bot mir selbstgebackenen Kuchen an.

Als ich nach dem WLAN - Passwort fragte, war sie peinlich berührt, da ihr dieses kleine Detail entglitten war, trotz der Vollkommenheit ihrer Performance - der Code befand sich nicht in der dicken Gästemappe. Ich jedoch war überglücklich, mich in einer sauberen Wohnung duschen und meine Wanderutensilien in Ruhe auspacken zu können, inklusive des Proviants, den ich mit beiden Händen über den Parkplatz zur Wohnung getragen hatte. Mit Gurken, Äpfeln, Baguette und Annettes Kuchen aß ich mich satt und selig. Mein verschwitztes T - Shirt konnte währenddessen frisch gewaschen in der Abendsonne am Balkon trocknen. Ich freute mich schon auf den guten Wäscheduft am nächsten Morgen.

Danke, Annette, für die Gastfreundschaft und Gemütlichkeit, dachte ich, als mir schon die Augen zufielen. Meine Beine lagen wie auf Wolken im großen Bett, der Sommerwind wehte durch die offene Balkontür in den Raum. Von der Katze, die bei Annette und ihrem Freund lebte, sah und hörte ich nichts. Sicher fühlte sie sich genauso wohl bei den beiden. Sie lag wohl entspannt auf einem ihrer Plätzchen und ließ sich durch nichts und niemand stören...

Franck

„Bei der offenen Terrassentür hinein, die Treppen hinauf, Zimmer Nummer vier. Richten Sie sich ein, ich komme dann für das Abendessen."

Immer wieder wiederholte ich seine Worte, bis ich es gefunden hatte: mein neues Zimmer für die Nacht. Das war das Highlight meines Tages am Jakobsweg. In der Unterkunft konnte ich mich nicht nur ausruhen. Ich konnte meine Füße eincremen, eine Wohltat! Ich konnte zumindest meine zweite Garnitur waschen, eine musste stets trocken bleiben. Und ich konnte in Ruhe meine Fotos anschauen, meine nächste Etappe planen, Freundinnen und Freunden schreiben. Das war der gemütliche Teil des Tages, von Wetterkapriolen in Sicherheit und voll Stolz über die geschafften Kilometer.

Die Wolldecken mochte ich nicht, weil sie dem Zimmer bei den geschlossenen Fensterläden einen düsteren Touch verliehen. Daher ging ich hin und her von Zimmer vier zu Zimmer eins, in dem die hübschere Bettwäsche war - mit der

Überlegung, ob ich mich wohl verhört hatte. Ein Gemälde von einem Jungen, der mich an Gavroche aus Victor Hugos Roman Les Misérables erinnerte, zierte die kahle Wand beim Fenster. Gavroche war ok, ein gutes Kind, dachte ich bei mir und freundete mich so mit meinem Zimmer Nummer vier an. Müde schloss ich auf dem Bett die Augen und zugleich unruhig. Würde er wirklich kommen? Und mir Abendessen machen? Wen würde ich noch in der Herberge kennenlernen? Sicher zwei Frauen, für die der Wirt das schöne Bettzeug hergerichtet hatte...

Ein Gewitter war im Anmarsch. Ich konnte es fühlen. Mit ein paar Nüssen in der Hand und in Unterwäsche stellte ich mich zum Fenster. Ich sah den Regenschleier in der Ferne. Dort schüttete es, in dem anderen Ort am Fuße eines Berges. Das Graublau vermischte sich mit einem weißen Schleier. Irgendwann wurde ich auf eine Katze aufmerksam, die unten beim Haus vorbeischlenderte. Ich legte mich wieder hin. Nachdem ich eingenickt war, wurde ich von einem Klopfen überrascht.

Ich öffnete die Tür. Es war Franck. Seine Freundlichkeit paarte sich mit Nervosität, welche in einem unbeholfenen Coronagruß gipfelte: er stupste mit seiner Faust meinen Ellbogen. Das Wichtigste allerdings war für mich, ihn auf meine Abneigung gegen Schnecken hinzuweisen. „Ich bin Österreicherin - ich esse KEINE SCHNECKEN“, sagte ich mit einem Lachen. Der Wirt nahm den Befehl wie ein tapferer Soldat entgegen: „Verstanden, KEINE SCHNECKEN zum Abendessen!“

Franck war klein und sein Gesicht war rund. Eine Mischung aus Napoleon und dem Wirt aus Les Misérables, nur viel sympathischer. Sympathisch machte ihn seine Nervosität, die ich im Scherz auf meinen Charme und mein gutes Aussehen zurückführte. Worauf sonst? Gefährlich schien ich nicht zu sein und außer mir war kein Mensch in der simplen Herberge. Ich sollte auch der einzige Mensch bleiben, aber das machte mir nichts. Franck hatte extra für mich aufgesperrt!

Simpel war auch das Abendmahl. Aber herzlich, wie Franck selbst. Und zum Glück gab es KEINE SCHNECKEN.

Eine schrecklich nette Familie

Falls es Gott gibt, war ER (oder SIE?) in diesem Haus? Die großen blanken Zähne der alten Frau, die beim Lächeln hervorschienen, täuschten mich nicht über das hinweg, was ich sah, roch, fühlte und hörte - blankes Grauen nämlich!

Marienstatuen und Ikonen: zwischen Kleidungsstücken und Krimskrams. Bibelspiele mit dem Titel „Ordnen Sie die Heiligen nach Erscheinungsjahr!" waren gar nicht das, was diese Familie unheimlich machte. War es der undefinierbare Geruch oder die Geräusche beim Essen, das Schmatzen und Klatschen des Salates auf den Teller? Das gespenstische Klirren des Glockenspiels im Wind? Oder das strafende Räuspern des alten Mannes, dessen hochgezogene Augenbrauen mich an einen bekannten Kriminalfall denken ließen?

Urteile nicht, urteile nicht, sagte ich mir, als ich in die Küche ging, um meine Hilfe anzubieten. Es war ein Versuch, die Großfamilie kennenzulernen. Angeschlagenes Geschirr stand zum Servieren einsatzbereit am Tisch, Löffel und Gabeln lagen lose daneben. Mein Blick fiel auf ein gewaltiges, scharfes Messer. Die aufgetürmten benutzten Teller versteckten leider nicht die Insektenfalle, die mitten im Raum etwa 40 toten Tierchen ihre letzte Ruhestätte bot.

„Hat die Katze Flöhe?“, wurde bei Tisch in die Runde gefragt. Ich schaute auf das magere Tier. Jemand nickte. Katzenflöhe springen auf Teppiche und rasten sich auch gerne auf Menschenhaut aus. ICH WILL HIER WEG, schrie alles in mir verzweifelt, doch war es schon spät. Dies war meine heutige Unterkunft am Jakobsweg irgendwo mitten am Land in Frankreich. Ich konnte von Glück reden, ein Zimmer gefunden zu haben bei einer Familie, die Pilgern helfen wollte. War das tatsächlich Glück? Ich hustete; meine Hausstauballergie meldete sich. Wie sollte ich sagen, dass ich gehen wollte? Wohin sollte ich mitten in der Nacht? Sollte ich einfach meinen Rucksack schnappen und zur Tür hinaus? Das blanke Entsetzen kroch mir erst nach Mitternacht in meine Glieder, als ich allein im Bett lag. Allein oder mit tausend Bettwanzen? Es roch nach vermodertem Holz. Ich schaute sehnsuchtsvoll das Fenster an, durch das unerträgliche Hitze strömte. Sollte ich da hinaus, einfach fliehen?

Leider war ich im zweiten Stock. Die Zimmertür war nicht verschließbar. Ich jammerte mich still in den Schlaf, fühlte mich schutzlos.

UND DA KAMEN SIE AUCH SCHON, UM MICH ZU HOLEN!

Der strenge alte Mann mit den hochgezogenen Augenbrauen, der halbwüchsige Enkelsohn, verlegen grinsend, und im Hintergrund der introvertierte Vater. Seine Frau sah hilflos zu, wie sie mich aus dem Zimmer schleppten. Die kräftige 200 Kilo schwere Tochter half mit, ungern aber doch. Hat die alte Frau mein klopfendes Herz gehört, als sie das Ganze mit ihrem falschen Lächeln und den riesigen blanken Zähnen beobachtete?

Wieder auf meiner Route zum nächsten Etappenziel des Jakobswegs klopfte mein Herz morgens noch eine ganze Weile. Doch die schrecklichsten Dinge waren zum Glück nur in meinem Kopf passiert.

Bruno

Von der ersten Sekunde an konnte ich nicht anders als lächeln. Oder sogar grinsen. Vor Freude. Behutsam, vorsichtig und sanft, um weder mich noch die anderen Gäste zu stören, beugte er sich beim Sprechen zu mir herunter, auf jedes einzelne der Worte achtend, mit denen ich meine Antworten auf seine interessierten Fragen formulierte. „Ja, ich gehe den Jakobsweg. Ich bin in Genf gestartet, bin über die Grenze nach Frankreich gegangen und will nach Le Puy-en-Velay. Heute bleibe ich hier in La Côte-St.-André, es ist viel zu heiß zum Weiterwandern."

Die Eiswürfel und die zweite Flasche Wasser, die vor mir standen, hatte er längst bemerkt. Wohl auch wie ich voller Genuss und Hingabe eine richtige Mahlzeit verspeist hatte - in diesem überfüllten Restaurant an der Straße, das mir, hungrig und müde wie ich war, gleichsam göttlich erschien. Von Baguettes hatte ich vorerst genug. Heute, am Sonntag, sollte es etwas „Richtiges" sein.

„Haben Sie gute Schuhe?", fragte der Mann interessiert und besorgt. Ich nickte schulterzuckend, weil ich nicht zugeben wollte, dass sie 200 Euro gekostet hatten. Das erschien mir prätentiös und gar nicht abenteuerlich. Irgendwie machte ich trotzdem Eindruck auf den Franzosen. Die Wanderschuhe standen jedenfalls neben mir. Ich war längst schon herausgeschlüpft; mit den dicken Socken hatte ich bei 30 Grad im Schatten das Gefühl, ohnmächtig zu werden. Aber ich hatte ja Sandalen mit!

Zwei Minuten später fuhr Bruno vergnügt mit seinem Enkelkind im Kinderwagen an meinem Tisch vorbei. „Wir sind auch am Jakobsweg“, sagte er vergnügt mit einem Augenzwinkern. Kurze Zeit später kam er allein zurück und stellte fest, dass ich noch immer am Tisch saß. Die mittägliche Affenhitze war noch nicht ausgestanden, ich musste mir die Zeit in einer Ruheposition vertreiben. Ich ließ die Wegweiser am Straßenrand gegenüber kaum aus den Augen, als würden sie mir offenbaren, welche Abenteuer an diesem und den nächsten Tagen auf mich warteten.

Aus dem täglichen Trott ausbrechen, den Körper spüren, die eigenen Grenzen testen oder einmal komplette Freiheit erahnen - das könnten

Brunos Gründe für sein Interesse und die wachsende Lust auf das Wagnis gewesen sein. Vielleicht war die Begegnung mit mir ausschlaggebend dafür, selbst eines Tages die Wanderschuhe zu schnüren. Womöglich mit seinem Enkelkind, wenn es groß war.

Wieder kam der Fremde zu meinem Tisch. Mittlerweile waren wir uns jedoch nahezu vertraut. Ich mochte seine respektvolle Art. Er war schon voll Zuversicht, dass er mich beim Rasten nicht störte, also sprach er etwas lauter und klatschte sogar in die Hände: „BRAVO und Glückwunsch zu Ihrer Tour“, strahlte er mich an.

Ich spürte die Hitze, die schweren Beine und zugleich den Wunsch zu singen. Vergessen waren die unrunden Ereignisse vom Vorabend. Ich packte pfeifend und mit rhythmischen Bewegungen meine Sachen zusammen, um aufzubrechen und zu sehen, an welche Orte und zu welchen Menschen mich der Weg nun führen würde.

Viviane

In ihren Händen hielt sie ein kleines Bild, als sie an die Zimmertür klopfte. „Gehört das Ihnen?“ Ich hatte das Marienbildchen von einem Italiener geschenkt bekommen, Enrico hieß er. Er wollte, dass ich am Ziel meines Weges, dem Wallfahrtsort Le Puy-en-Velay, für ihn und seinen behinderten Sohn bete. Nun hätte ich sein Geschenk fast in Vivianes eindrucksvollem Landhaus verloren.

In dem großen Zimmer war alles da und noch mehr, was ich für eine Nacht brauchte. In meinem Rucksack war nur das Allernötigste, schließlich wollte ich nicht täglich stundenlang so schwer tragen. Mehr war unterwegs auch nicht notwendig. Dies war der heißeste Tag meiner Jakobswegwanderung durch einen Teil von Frankreich. Jede Kleinigkeit in der Kühle des Raumes erschien mir wie purer Luxus.

Ein Wasserkocher mit Teebeutel und Instantkaffee in einem hübschen altmodischen Porzellanbehältnis. Ein Minigläschen Marmelade und eine Glasflasche Wasser - alles auf einer antiken

Kommode. Getrockneter Lavendel. Nicht nur auf der Kommode, sondern auch auf dem Nachttisch des großen Bettes mit den zwei blauen Polstern. Mein Blick wanderte vom Bett zu dem riesigen Fenster, vor dem ein gewaltiger Baum stand, der den Himmel verdeckte. In Wien sind solche Bäume selten. Ich fühlte Vertrauen, Sicherheit, Behaglichkeit. Ein Sessel, ein Aufhängeplätz aus Holz und Metall für meine Wäsche. Alles war da.

Als ich nach einer entspannten Nacht im Morgengrauen das Zimmer verließ, lag der strubbelige langhaarige Hund vor meiner Tür. Er war ein liebesbedürftiges Riesenbaby. Nach wenigen Minuten hatte er mich ins Herz geschlossen, aber ließ mich vorsichtshalber nicht aus den Augen. Viviane hatte auch eine Katze, für die sich in dem naturbelassenen Birnbaumgarten viele Verstecke verbargen. „Da bekomm' ich Hilfe von einem Freund, der daraus Schnaps macht“, antwortete sie auf meine Frage, wieviel Arbeit sie mit dem Obst habe. Währenddessen wanderte mein Blick zur Hängematte und zum Griller. Viviane hingegen blickte zu ihrer sommersprossigen Tochter, mit dem Hinweis, dass sie allein sei und ihre Kinder nicht gern wanderten. Sonst würde sie der Jakobsweg auch interessieren. Sie ließ ihre Schultern hängen, doch ging ein paar Schritte vorwärts. „Nach Wien wollte mein Vater immer – er ist bereits verstorben -. Nach Wien zu den Wiener Philharmonikern! Die möchte ich auch einmal sehen!“ Diesmal glänzten Vivianes Augen und ihre Mundwinkel gingen erstmals nach oben.

Viviane schien sich nach Stadt und Kultur zu sehnen. Oder nach mehr Freiheit? Sie wusste: Wer allein pilgert, ist frei wie ein Adler. Ich hingegen bewunderte diese Frau, die allein vier Kinder großzog und sich neben ihrem Job um ein Riesenhaus mit Garten kümmerte, doch sprach es nicht aus. „Sie können doch auch einen Garten anlegen“, schlug sie vor, während sie mir den Rücken zukehrte und Richtung Hauseingang schritt.

Cannelle, Félix und die Hündin

Wie Apfelkuchen mit Zimt - so waren die beiden. Zimt, nicht mein Lieblingsgewürz, doch passend zu Apfelkuchen, dessen wohlig warmer Geschmack mich stets an meine Großmutter erinnerte, oder an alle Großmütter der Welt. Félix kämpfte bei seinen Yogaübungen mit der Flexibilität seines Körpers. Er hatte graues Haar und eine schlanke, aber kräftige Statur. Seine Stutzen waren bis zu den Knien hochgezogen. Cannelle liebte das Familiäre und ihrer Hündin Bijou, die am Jakobsweg mit dabei war. Die Frau sprach mir zuliebe ein deutliches Französisch. Ihre Augenwinkel zeigten nach oben, ihr Gesicht hatte etwas Puppenhaftes. Ich mochte die beiden auf Anhieb.

Wegen der Hündin sind sie wohl um fünf Uhr morgens aufgestanden, dachte ich mir. Cannelle mit der Stirnlampe, ihr Mann bis oben hin vollbepackt mit einem Wanderschlitten, den er hinter sich herzog. Auch Bijou trug zwei Taschen, die sie umgehängt hatte. Da ich zehn Minuten später von unserer Herberge los ging, rechnete ich nicht damit, das Trio sofort einzuholen. Das schon etwas ältere Ehepaar hatte sich pro Tag nur eine kurze Strecke vorgenommen, um am Nachmittag Zeit für Entspannung zu haben. Dennoch waren sie schnell unterwegs.

Umso erstaunter war ich, mitten im Wald auf Bijou zu treffen, die mir keuchend und bellend entgegenrannte. Sie drehte sich zu mir und deutete mir, den Weg schnell weiterzugehen. Kurz danach sah ich Cannelle und Félix. Sie hatten sich am Wegesrand aufgebaut. Was machten sie? All ihre Sachen lagen auf dem Boden, die Rucksäcke, die Stirnlampe. Die Hündin setzte sich aufmerksam zu ihnen. Als ich näherkam, verstand ich.

Félix war gerade dabei, den Fuß seiner Frau zu verbinden. Cannelle war in ein kleines Bachbett gestürzt, das sie im Morgengrauen übersehen hatte. Ihr Fuß war dabei umgeknickt. Sie biss die Zähne zusammen, als sie mir alles erzählte. Félix und ich halfen Cannelle auf und stützten sie, doch sie konnte nicht auftreten.

Ich nahm mein Telefon und wählte die Nummer des ortsansässigen Arztes. Félix hatte sie notiert und sagte sie mir an. Ein Österreicher meldete sich mit schlaftrunkener Stimme. DIE VORWAHL! Ich hatte vor Aufregung die Landesvorwahl vergessen. Also noch einmal wählen und auf Französisch die Sachlage erklären. Der Arzt versprach, schnell zu kommen. Ich konnte ihm nicht die genauen Koordinaten sagen, sondern nur, dass wir circa 20 Minuten von der örtlichen Herberge entfernt waren, im Wald.

Cannelle ließ ihren Fuß röntgen. Er war zum Glück nur leicht verstaucht. Es war den dreien möglich, den Jakobsweg weiterzugehen. Aufgrund der Pause, die sie jedoch einlegen mussten, sah ich sie nicht wieder.

Als ich mit der Französin einige Wochen später skypte, erzählte sie mir von ihrem hübschen Haus am Meer. Sie wollte mit ihrem Mann ihre Pension auskosten, die Natur erleben, sich des Lebens freuen. Ein kleines Malheur gehört einfach dazu, sagte Cannelle und lächelte. „Lass‘ uns jeden Tag genießen!“

Roksana und Julius oder: das Paradies

Wie ein junger Hund sprang er in der bescheidenen Herberge umher: „Da ist eine Küche, Tee, Kaffee, ALLES da!“„Da kannst du die Wäsche waschen, da ist das Wifi, da die Betten!“ Er fuchtelte mit den Händen und hüpfte weiter.

Der für den Franzosen so typisch verschmitzte Blick sprühte über, als er uns, die später angekommen waren, alles zeigte. Julius' Vorstellung von purem Glück gipfelte in dem Moment, als er beim Abendessen neben mir saß und einen Haufen Spaghetti, den er mit Karottenscheiben gekocht und mit Kurkuma gewürzt hatte, über den grünen Klee lobte. Er blickte mich immer wieder verschmitzt von der Seite an und gratulierte uns zu unserer gemeinsamen Kochkunst. Ich antwortete auf sein verschwörerisches „Give-me-five“ mit „La France et l'Autriche, ça colle!“ Das passte sprachlich vermutlich nicht so ganz, aber man hatte mich am Tisch verstanden und mir zugestimmt. Nach ich-weiß-nicht-wie vielen Monaten Jakobsweg mit Start in Tschechien war jedenfalls klar, dass sich Julius, der sonst immer draußen schlief, über vier Wände und gekochtes Essen freute.

Seine Freundin Roksana war ernst. Sie war es leid, Schuhe zu tragen, mit denen sie inzwischen jeden Stein auf dem Weg spürte. Sie war mit dem Franzosen von ihrem Heimatland Tschechien über Deutschland und die Schweiz nach Frankreich gegangen. Das Zelt und Ausrüstung für kalte und heiße Tage am Rücken. Mit wenig Geld in den Taschen. Roksanas Hautfarbe wechselte ab und zu von weiß zu rot. Roksanas Mund war gerade, ihre Augen klein. Ihre schmalen langen Beine sahen aus, als könnten sie mehr vertragen. Mehr was? Nahrung? Entspannung? Sinn? Die blutjunge Frau meidete Gespräche. Vielleicht machte ihr der Jakobsweg mit ihrem Freund inzwischen keinen Spaß mehr. Julius hingegen genoss. Die Spaghetti schmeckten jedoch sogar Roksana. Julius sorgte für seine Freundin, das merkte ich.

„Dort ist das Paradies!“, erklärte mir Julius am nächsten Tag. Roksana und er waren plötzlich aus dem Gestrüpp am Wegesrand hervorgeklettert. „Dort ist das Paradies!“, wiederholte er und zeigte auf die Wiese links neben uns. Ich sah angestrengt hin, doch konnte nichts erkennen.

„Ein Tisch, zwei Sessel und ein kleiner Bach mit bemoosten Steinen", versuchte er auf mein Stirnrunzeln hin nochmals zu erklären. „Wir waren eine halbe Stunde da und haben ein Glas Wein getrunken. Du hörst dort den Bach glucksen. Geh doch auch hin!"

Ich kletterte zwischen Büschen und über felsige Steine zu dem verschwiegenen Platz. Und tatsächlich, da war es, das Paradies. Ein unbeschreiblich schöner, zauberhafter Platz in unberührter Natur. Noch viel schöner als die vier Wände und der Haufen Spaghetti! Wie geschaffen für zwei, die am Anfang einer Liebe standen, die gerade noch auf der Probe stand.

Matteo

Matteo, so hieß er. Paul und ich trafen ihn in dem kleinen Ort Chavanay. Es war ein großes Hallo. Matteo saß auf einem schnittigen Mountainbike, vollbehängt mit Seitentaschen. Darin hatte der nicht mehr ganz junge Italiener sein Hab und Gut für eine Tour von Paris nach Lyon. Paul und er begrüßten sich freudig und umarmten einander. Welch' Überraschung! Sie waren Arbeitskollegen in Paris und hatten nichts von den Reiseplänen des jeweils anderen gewusst. Und doch begegneten sie einander, mitten in Frankreich! Ich freute mich, dass Paul jemanden getroffen hatte, den er so gern mochte - auf dem Jakobsweg von Genf nach Le Puy-en-Velay, den Paul und ich seit drei Stunden gemeinsam gingen. Ich fand Matteo von Anfang an sympathisch. Als Trio suchten wir nun die Herberge für die kommende Nacht, in der schon bekannte Gesichter auf uns warteten.

Nach Tagen einsamen Wanderns war es schön, sich mit interessanten Menschen zu unterhalten. Matteo und ich erzählten uns, was wir bisher erlebt hatten - er zu Rad, ich zu Fuß.

„Weißt du, wenn man mit dem Rad fährt, merkt man nicht, dass man Hunger oder Durst hat. Erst nach vielen Stunden fällt dir auf, dass du nichts zu dir genommen hast." Matteo lachte, als ihm Julius, den Paul und ich schon zuvor am Weg kennengelernt hatten, ein Stück roten Paprika in die Hand drückte. „Vitamin C, Vitamin C!" Der Italiener strubbelte sein dunkles Haar und biss hinein. Der Nachbarshund, der auf der Veranda umhersprang, bekam ein Stück Wurst. Matteo wollte unbedingt Melone mit Prosciutto essen, deswegen lief er zum Gemischtwarenhändler ums Eck. Er teilte mit allen, die in der Herberge zusammentrafen. Als Roksana, die Pilgerin aus Tschechien, die Risse in ihren Kleidern zusammennähte, setzte sich Matteo zu ihr und unterhielt sie mit Anekdoten von seiner Tour mit dem Rad. Roksana wurde trotz Müdigkeit von Minute zu Minute fröhlicher. „Avanti, avanti, wir wollen bald zu Abend essen", trieb er sie scherzhaft an. Mit dem schlanken, großen Radfahrer Gilbert tauschte Matteo Expertentipps aus. Beide hatten noch einige Kilometer vor sich und waren sich einig, spontan noch weiter zu fahren als sie sich ursprünglich vorgenommen hatten. Paul und ich sangen inzwischen das französische Wanderlied „200 kilométres à pied". Wir alle, die wir in dieser großen Küche zusammentrafen, träumten dem Weg nach, der uns an eifrigen Bächlein und ausdrucksstarken Baumriesen vorbeigeführt hatte, voll Vorfreude über das, was uns noch erwarten würde.

„Noch einen schönen Jakobsweg. Ich radle heute Mittag weiter!“, lachte mir Matteo beim Abschied in der Früh zu und schob mir seinen letzten Müsliriegel hin. Es war seine Lieblingssorte: mit Walnüssen und Mandeln. Überrascht und erfreut ließ ich ihn mir später besonders gut schmecken.

Ich habe die Menschen auf dem Jakobsweg nur für Momente erlebt, die ich jedoch nicht vergessen werde. Was mich berührte war das Bedeutende im scheinbar Unbedeutendem...

Paul oder: Die verlorene Chance?

Wir trafen uns zufällig in der Nähe eines Atomkraftwerks am Jakobsweg. Ich wusste anfangs nicht, was ich von ihm halten sollte, dem Bärtigen, dem Nikotin und Alkohol so wichtig waren wie seine Doktorarbeit in Anthropologie, die er neben seinem Job an der Pariser Oper schrieb. Aber als er sich im Morgengrauen flüsternd von mir verabschiedete, weil ich schon zeitig aufbrechen wollte, fehlte er mir gleich.

Nun, am Abend, einen Tag später, war ich wieder allein an meinem aktuellen Etappenziel. Paul schlief irgendwo in der Natur, in seiner Hängematte. Ich war es gewohnt, allein zu sein und mochte es auch. Doch gestern genoss ich die Fröhlichkeit der Menschen, die in den drei Räumen unserer bescheidenen Unterkunft verstreut waren: Matteo aus Italien, Roksana, Julius, die Schweizerin und der Radrennfahrer. Und Paul und ich. Wir waren am Weg aufeinandergestoßen, als ich mir gerade Sonnencreme auf meine Nase schmierte. An dem gemeinsamen Abend besorgte er ein Bier, von dem er annahm, dass es mir schmecken würde. Ich fand es lustig, ihm zuzusehen, wie er meinen Salat noch eine gute halbe Stunde verbesserte, indem er ihn mit allem, was er finden konnte, würzte und rührte, rührte und nochmals rührte. Wie ein Paar suchten wir das Abendessen für die Truppe im Lebensmittelladen aus und berieten uns. Er half mir, die Namen mancher französischer Produkte zu verstehen. Ich genoss die Vertrautheit, die nach drei Stunden gemeinsamen Weges entstanden war, und fühlte mich beschützt.

Jetzt, als einzige Wanderin in einer riesigen stillen Herberge, fragte ich mich, wo der Bärtige wohl war. Vermutlich machte er am Campingplatz gerade eine Flasche Wein auf. „Der Wein ist das Blut der Franzosen", hatte er gesagt. Vermutlich kaute er gerade an einem Stück Fleisch herum, am Lagerfeuer. Das passte zu seiner verbrannten Haut und den wilden, aber freundlichen Augen. „Wie der Gladiator siehst du aus", hatte ich zu ihm gesagt.

Mein Blick fiel auf die hübsche Ausstattung meines Zimmers. Eine seltsame Atmosphäre war spürbar. Über dem Haus hingen schwere Regenwolken. Ich war im Trockenen, aber allein. Die

Nacht brach an. Würde ich Paul je wiedersehen?

„Ich werde bald abreisen. Noch viel Erfolg am Jakobsweg!“, schrieb ich ihm am vorletzten Tag. Doch er wollte mich noch sehen, sich verabschieden. Er schaffte es zur rechten Zeit, mich auf dem Weg einzuholen bis zum Ziel in Le Puy-en-Velay. Wir trafen uns in einem Café. „Du hast noch eine Stunde Zeit, um die richtige Entscheidung zu treffen“, wies er mich auf meine Erklärung hin, dass ich zu Mittag meinen Zug zurück nach Österreich nehmen würde. „Komm’ mit nach Santiago de Compostela!“ Ich senkte den Kopf. Am Weg zum Bahnhof dachte ich nur an ihn und wie schön es wäre, für immer in Frankreich zu bleiben. Ich kaufte mein Ticket und hoffte, er würde mir nachlaufen wie im Film, atemlos in den fast abfahrenden Zug springen, mich mit einer Liebeserklärung abhalten nach Hause zu fahren.

Habe ich eine Chance verpasst?

Zurück zu Hause

Zurück zu Hause erwartet mich eine Wohnung mit circa drei Milliarden Dingen. Ich frage mich, wozu ich so viele Sachen brauche. Missmutig versuche ich, etwas Sonne in mein Herz zu lassen und mich auf den Alltag in meinem Magic Meidling, meinem Bezirk, meiner Stadt, meinem Land mit meinen Menschen zu freuen. Kein leichtes Unterfangen mit meiner Leidenschaft für Frankreich im Gepäck!

Apropos Gepäck: Am Jakobsweg brauchte ich nur das Nötigste: zwei T- Shirts, drei Unterhosen, zwei Hosen, zwei Paar Socken, ein paar Medikamente für den Notfall, ein paar Hygieneartikel und den Wanderführer. Das war's so ziemlich. Zu Hause ist da der überquellende Kleiderschrank für alle Gelegenheiten. Da ist eine Stadt, die Bedürfnisse weckt. Neu erscheint mir im Moment nichts. Alles schon dagewesen.

Ich ziehe mein schönstes Kleid an. Ich gebe zu, es tut gut, einmal etwas Feines anzuhaben, etwas Feminines. Beim Essen wähle ich Croissant und Baguette, wie in Frankreich. Ich habe schon die ersten Termine im Kalender stehen. So zieht mich der Alltag Stück für Stück hinein. Der Urlaub geht zu Ende. Die Arbeit beginnt.

In der Arbeit erwarten mich die Abschiedsgeschenke vom Sommer. Ich war krank, alles hatte ich stehen und liegen lassen müssen. Es wird mir bewusst, dass mich Menschen vermisst haben, als ich weg war und sich freuen, mich wieder zu sehen.

Da ist Bärbel, das kleine Mädchen, das in die Schule kommt. Es hat langes braunes Haar und zeichnet wunderschön. Ich habe eine entzückende Zeichnung von ihm bekommen mit einem Satz, den es selbst geschrieben hat. „DAKEDA-STUFURMICHSCHPASSMACHZT."

Da ist meine Kollegin Mina. Sie trägt immer ein Lächeln im Gesicht, hat irrsinnig viel Power und Einsatzkraft und bleibt doch immer bescheiden. Sie hatte ein „Sommergeschenk" für mich gekauft, ein „Pflegegeheimnisse Duschgel mit Rosenwasser". Wie lieb von ihr! Es riecht herrlich.

Da ist ein Freund von mir. Tarek. Die Sommerschule strengt ihn an; er ist noch nicht lange

Lehrer. Ich weiß, er gibt sein Bestes und bereitet seine Stunden akribisch vor. „Seine“ Kinder brauchen viel Zuwendung und Unterstützung. Trotzdem findet er Zeit, mir bei einem Projekt zu helfen. Es wird der volle Erfolg.

Am Jakobsweg war ich glücklich, glücklicher als im satten Zuhause, wo Milch und Honig in meinen Mund fließen, und ich jeden Morgen vor einem riesigen Kleiderkasten stehe, gestresst von der Auswahl eines T-Shirts. Beim langen Wandern in der Natur zählte etwas anderes. Wenige Menschen traf ich für einige Minuten oder Stunden und sehe sie nie wieder. Die Begegnungen waren kurz, und doch bedeutend. Was vergleichbar ist mit meinem Magic Meidling? Das Wunderbare bemerken, das geht auch im Alltag, in der Stadt. Ich muss nur hinschauen. Das ist mir vom Jakobsweg geblieben, dieser einzigartigen Erfahrung, die mich bezaubert hat. Denn das, was ist, mit Liebe betrachten und sich bezaubern lassen - das macht Unscheinbares magisch!

Elke Sonja Karpf

Auf der Suche nach Großem finde ich Kleines. Gutes. Schönes. In der Natur, mit Kindern, Tieren, meiner Tochter - in meinem Umfeld und auf Reisen. Und auch beim Geschichtenerzählen und Geschichtenlesen. Ich bin Philosophin, Pädagogin und Bezirkspolitikerin in Wien Meidling. Mit offenen Augen durch die Welt gehen und sich zu ihr in Relation setzen finde ich spannend!

Alle Storys von Elke Sonja Karpf zu finden auf
www.story.one

Viele Menschen haben einen großen Traum: zumindest einmal in ihrem Leben ein Buch zu veröffentlichen. Bisher konnten sich nur wenige Auserwählte diesen Traum erfüllen. Gerade einmal 1 Million publizierte Autoren gibt es derzeit auf der Welt - das sind 0,013% der Weltbevölkerung.

Wie publiziert man ein eigenes story.one Buch?

Alles, was benötigt wird, ist ein (kostenloser) Account auf story.one. Ein Buch besteht aus zumindest 12 Geschichten, die auf der Plattform gespeichert werden. Diese lassen sich anschließend mit ein paar Mausklicks zu einem Buch anordnen, das sodann bestellt werden kann. Jedes Buch erhält eine individuelle ISBN, über die es weltweit bestellbar ist.

Auch in dir steckt ein Buch.

Lass es uns gemeinsam rausholen. Jede lange Reise beginnt mit dem ersten Schritt - und jedes Buch mit der ersten Story.

Lightning Source UK Ltd.
Milton Keynes UK
UKHW021052251120
374038UK00003B/311